크리스티나 립카-슈타르바워 Krystyna Lipka-Sztarbałło

1949년 폴란드 바르샤바에서 태어났습니다. 스무 권이 넘는 그림책을 출간하며 작품이 이야기의 감정적인 깊이를 놓치지 않으면서도 철저한 조사와 연구를 바탕으로 한 지적 완결성이 돋보인다는 평가를 받습니다. 우리나라에서 출간한 《지도는 언제나 말을 해》와 《세상을 바꾼 상상력 사과 한 알》은 '인문적인 지식을 바탕으로, 한 시대의 문화와 철학을 표현해 낸 아름다운 책'이라는 호평을 받습니다. 《우리 집 욕실이 궁금해?》에서는 인간의 생활에서 물이 얼마나 중요한지와 물의 이용은 인간의 현명한 실천에 달려 있다는 점을 감각적이면서도 유머스럽게 들려줍니다. 폴란드 출판 협회가 주는 '올해의 가장 아름다운 책' 상을 여러 번 수상했으며, 브라티슬라바 비엔날레 금패상을 받았습니다.

이지원

한국외국어대학교 폴란드어과를 졸업하고, 폴란드의 야기엘로인스키 대학과 아담 미츠키에비츠 대학에서 미술사와 어린이 책 일러스트레이션을 공부해 미술사 박사 학위를 받았습니다. 《네 개의 그릇》, 《우리 딸은 어디 있을까?》, 《학교 가는 길》 등 이보나 흐미엘레프스카의 책들과 《작은 사람》, 《영원히 사는 법》, 《누가 누구를 먹나》 같은 책을 우리말로 옮겼습니다.

그림책은 내 친구 040
어린이의 건강을 지키는 위생 이야기
우리 집 욕실이 궁금해?

2018년 4월 5일 **초판 2쇄 펴냄**
2015년 6월 5일 **초판 1쇄 펴냄**

지은이 크리스티나 립카-슈타르바워
옮긴이 이지원
펴낸이 박강희
펴낸곳 도서출판 논장
주소 10881 경기도 파주시 회동길 329
전화 031-955-9164 **전송** 031-955-9167
출판등록 제10-172호 · 1987년 12월 18일
제조국명 대한민국
사용연령 4세 이상
ISBN 978-89-8414-232-9 77510

copyright ⓒ 2015 Krystyna Lipka-Sztarbałło

· 이 책의 한국어판 저작권은 저자와 독점 계약한 논장에 있습니다.
  저작권법에 의해 보호를 받는 저작물이므로 무단 전재와 복제를 금합니다.
· 책값은 뒤표지에 있습니다. · 잘못 만들어진 책은 구입하신 서점에서 바꾸어 드립니다.

이 도서의 국립중앙도서관 출판예정도서목록(CIP)은
서지정보유통지원시스템 홈페이지(http://seoji.nl.go.kr)와
국가자료공동목록시스템(http://www.nl.go.kr/kolisnet)에서
이용하실 수 있습니다.(CIP제어번호 : CIP2015013900)

어린이의 건강을 지키는 위생 이야기

우리 집 욕실이 어딘문?

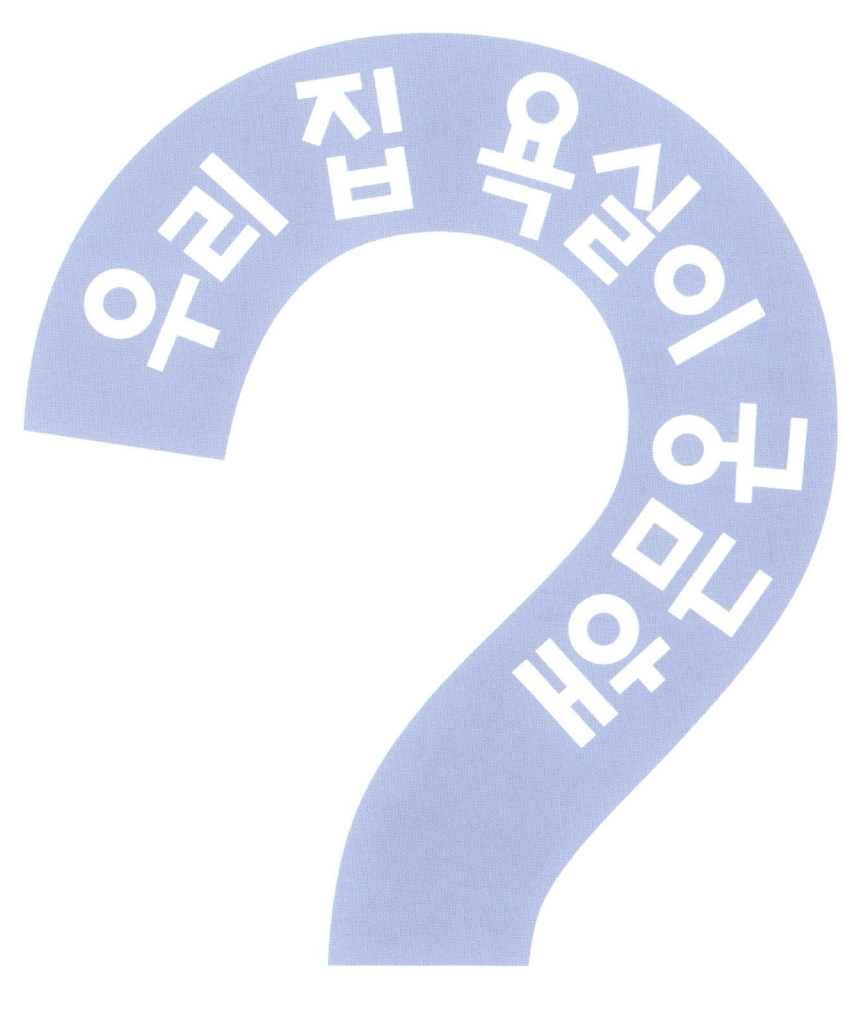

크리스티나 립카-슈타르바워 지음 | 이지원 옮김

논장

우리 집 욕실이 궁금해?

1. 욕실에서는 또 무얼 하나요?
2. 큰 사람도 작은 사람도…… 누구나 혼자 씻을 수 있나요?
3. 어머나! 왕좌일까요, 변기일까요?
4. 무엇을, 언제, 어떻게 씻을까요?
5. 비누는 어떤 일을 할까요?
6. 10월 15일 - 무슨 날일까요?
7. 치과 의사 선생님이 뭐라고 했나요?
8. 머리카락, 짧게? 길게?
9. 목욕은 왜 할까요?
10. 옛날에 다른 나라 사람들은 어떻게 목욕을 했을까요?
11. 같이 씻을래요? 혼자 씻을래요?
12. 바지에 실례하기 전에 일어나라고요?
13. 물로 흘려 보낸다고요?
14. 어떻게 물을 절약할까요?
15. 알고 있나요?

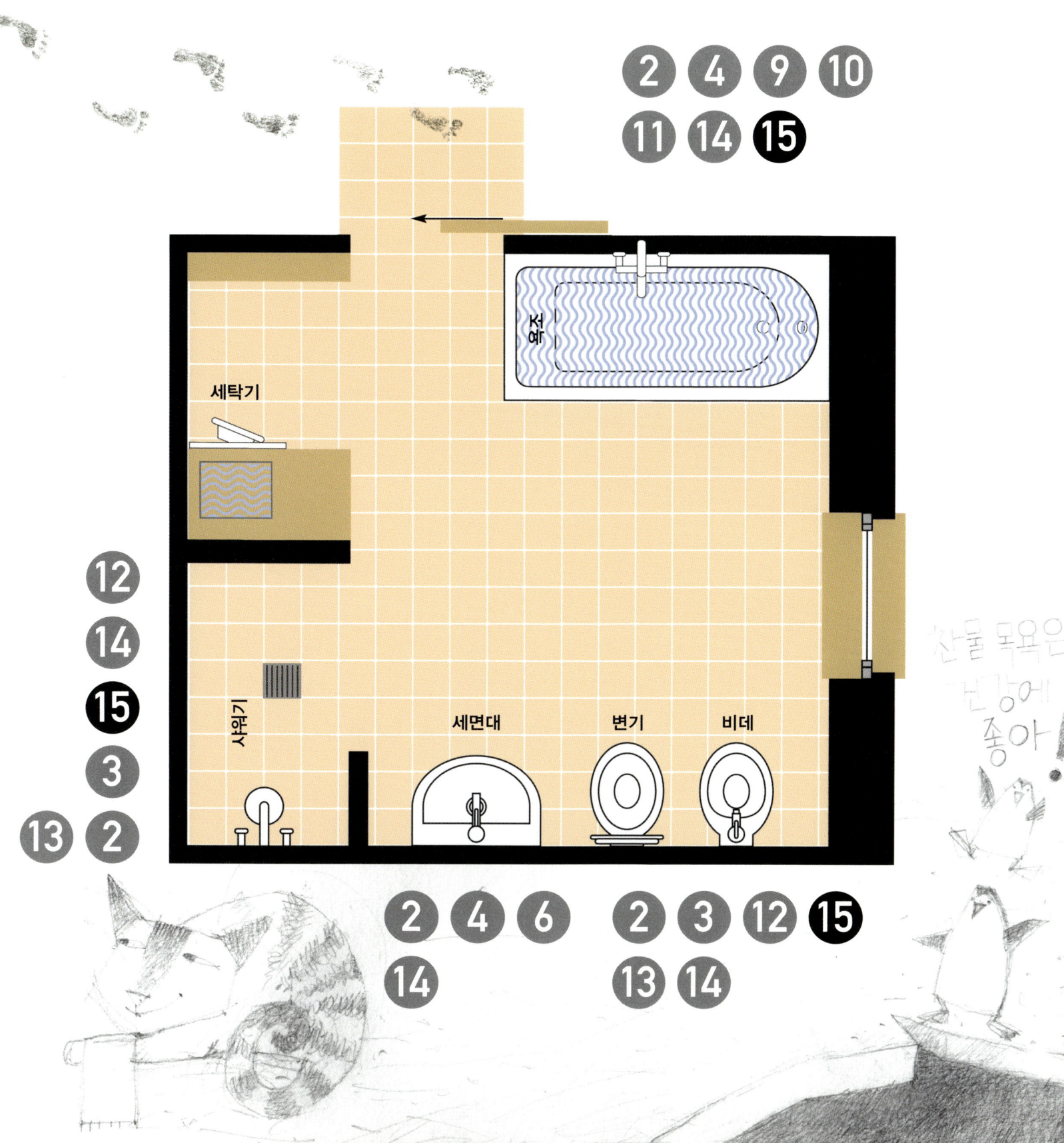

❓ 1 욕실에서는 또 무얼 하나요?

큰 사람도 작은 사람도……

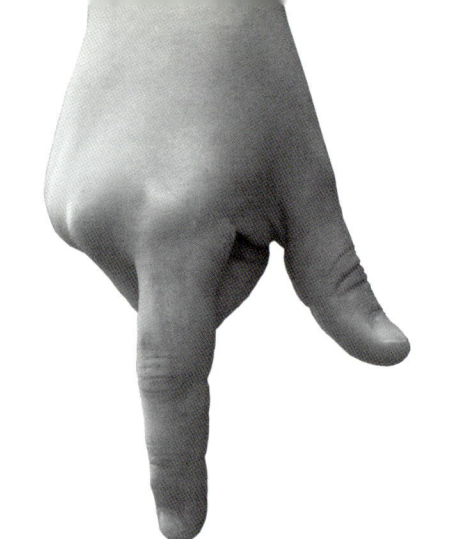

목욕하고 볼일 보고 샤워하고 손 씻고 머리 감고 이 닦고…….
우리 집 욕실은 아빠도 엄마도 동생도
모두 다 같이 쓰는 곳이에요. 하지만

"세면대, 변기, 욕조……
우리에겐 너무 **높고 커요.**"

변기와 세면대 아래에 받침대를 놓아 보세요.
혼자서 변기에 앉을 수 있고
혼자서 세면대의 물을 틀고 비누질을 할 수 있지요.
"와, 이제 나도 혼자서 씻을 수 있어."
욕실 바닥과 욕조 안에는 고무 깔판을 깔아 보세요.
미끌미끌한 바닥에 꽈당 넘어지지 않도록 도와주어요.
그럼 몸이 아프거나 움직이기 불편한 사람들은요?
변기, 세면대, 욕조 주위에 튼튼한 손잡이를 달아 보세요.
혼자서도 꽉 잡고 서거나 이동할 수 있어요.
휠체어는 문턱이 없어야 자유롭게 넘나들 수 있답니다.
이런 보조 장치들이 있으면
큰 사람이나 작은 사람이나 몸이 불편한 사람이나
누구나 편리하고 안전하고 쉽게
욕실을 이용할 수 있어요.

60cm

우리나라는 많은 사람이 이용하는 큰 건물의 공중화장실에 어린이용
세면대와 변기, 장애인 화장실을 만들어야 한다고 법으로 정해 놓았어요.
어린이용 세면대의 높이는 바닥에서 세면대 상단까지 60cm 이하여야 해요.
장애인 화장실은 휠체어를 돌릴 수 있도록 공간이 충분해야 하지요.

누구나 혼자 씻을 수 있나요?

여러분은 하루에 몇 번이나 볼일을 보세요?
옛날 왕들도 맛있는 음식을 많이 먹고 볼일을 자주 봤답니다. 으리으리한 궁전에서 쓰는 변기는 왕좌와 비슷하게 생긴 의자 밑에 쏙 들어가 있었죠. 왕좌는 왕이 앉는 의자예요. 글쎄, 프랑스의 루이 14세는 변기에 앉아서 재판을 하거나 명령을 내리기도 했대요!
변기에 앉을 땐 여러분도 한 번쯤 왕이 된 기분을 느껴 보세요.
"여봐라, 곰돌아! 휴지를 가져오너라."

왕좌처럼 생긴 변기를 사용할 때 꼭 기억하세요?

어머나

똑바로 앉아요.

휴지를 알맞게 써요.

뚜껑을 닫아요.

물을 내려요.

변기는 누구나 사용하기 편해야 하지요.
변기에 팔걸이와 받침대가 있으면
몸이 불편한 사람이 잡고 앉거나
키가 작은 아이들이 디디고 서기에
훨씬 편해요.

왕좌일까요, 변기일까요? ③

틈틈이 청소해요.
손을 물로 씻어요.
수도꼭지를 꽉 잠가요.
수건으로 손을 닦아요.

오늘날의 변기는 옛날의 왕이 썼던 것보다 기능이 훨씬 좋아졌어요.
변기 주변 장치에서 소리를 가려 주는 음악이나 냄새를 막아 주는 향기가 저절로 나오기도 해요.
휴지 대신 물로 씻어 주면서 엉덩이가 닿는 자리가 따뜻한 변기도 있어요. 어떤 변기는 소변을 검사하고 체지방을 재서 앉은 사람의 건강 상태를 알려 주기도 한답니다.

화장실일보

새로 나온 요강은 손잡이가 양쪽에 달려 잡기에 좋고 뚜껑을 덮으면 냄새가 잘 새어 나오지 않는다.

변기와 요강

무엇을, 언제, 어떻게 씻을까요?

 **손** 틈나는 대로 자주 **쓱쓱 싹싹싹**, 세균이 살 시간을 주지 마요!

 **이** 뭐든 먹은 뒤에는 **치치카카 치카카**, 이가 아프면 온몸이 쑤셔요!

 **얼굴** 아침과 저녁 또 더러울 때마다 **보들보들 문질문질**, 너무 빡빡 문지르면 아파요!

 **머리카락** 냄새나기 전에 꼼꼼하게 **착착 탁탁탁**, 감기 걸리지 않게 잘 말려요!

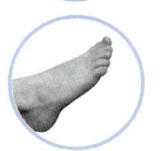 **발** 밖에서 돌아오면 바로 **뽀독뽀독 뽀도독**, 열심히 일한 발을 정성스레 씻어 줘요!

우리 모두 자신의 건강을 지키기 위해 힘써야 해요. 활기차게 활동하기, 영양가 있는 음식 먹기, 몸을 깨끗이 씻기, 잠 푹 자기. 그러면 튼튼하고 건강해진답니다. 수건, 칫솔, 빗, 속옷 등도 깨끗하게 관리해야 하지요.

색깔도 모양도 향기도 가지가지, 질병까지 막아 내요.
비누는 어떤 일을 할까요?

세균과 바이러스는 병을 옮겨요.
세균과 바이러스를 없애는 가장 손쉬운 방법은
바로 비누로 제대로 손을 씻는 거예요.
먼저 비누를 양손으로 문질러 거품을 내요. 그러면
뽀글뽀글 비누 거품이 일어나지요. 비누 거품은
물에 녹지 않는 더러운 물질에 달라붙어요.
흐르는 물로 비누 거품을 씻어 내리면 물을 따라
비누 거품이 주르륵, 세균과 바이러스도 주르륵!
멀리멀리 떠내려가지요. 더러움은 이제 안녕!
향긋한 비누 내음만 남는답니다.
인간은 아주 오래전부터 비누를 사용해 왔어요.
처음에 썼던 비누는 동물의 기름과 나무의 재를
섞어 쓴 '잿물'이라고 해요.

● 바르게 손 씻는 방법 ●

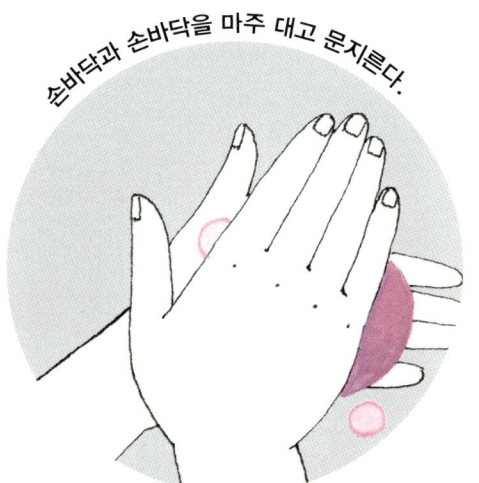

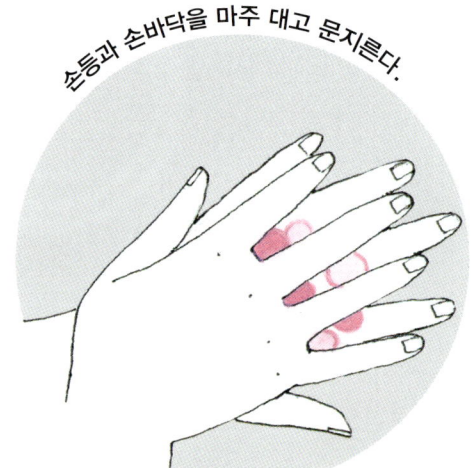

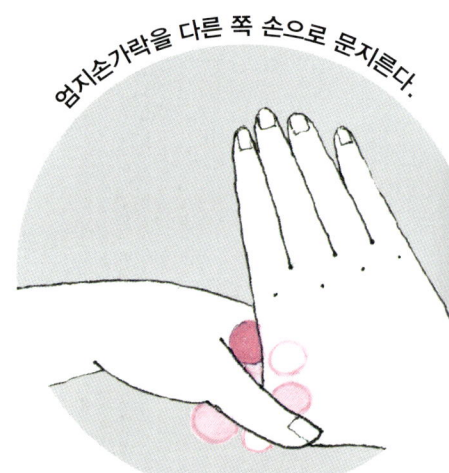

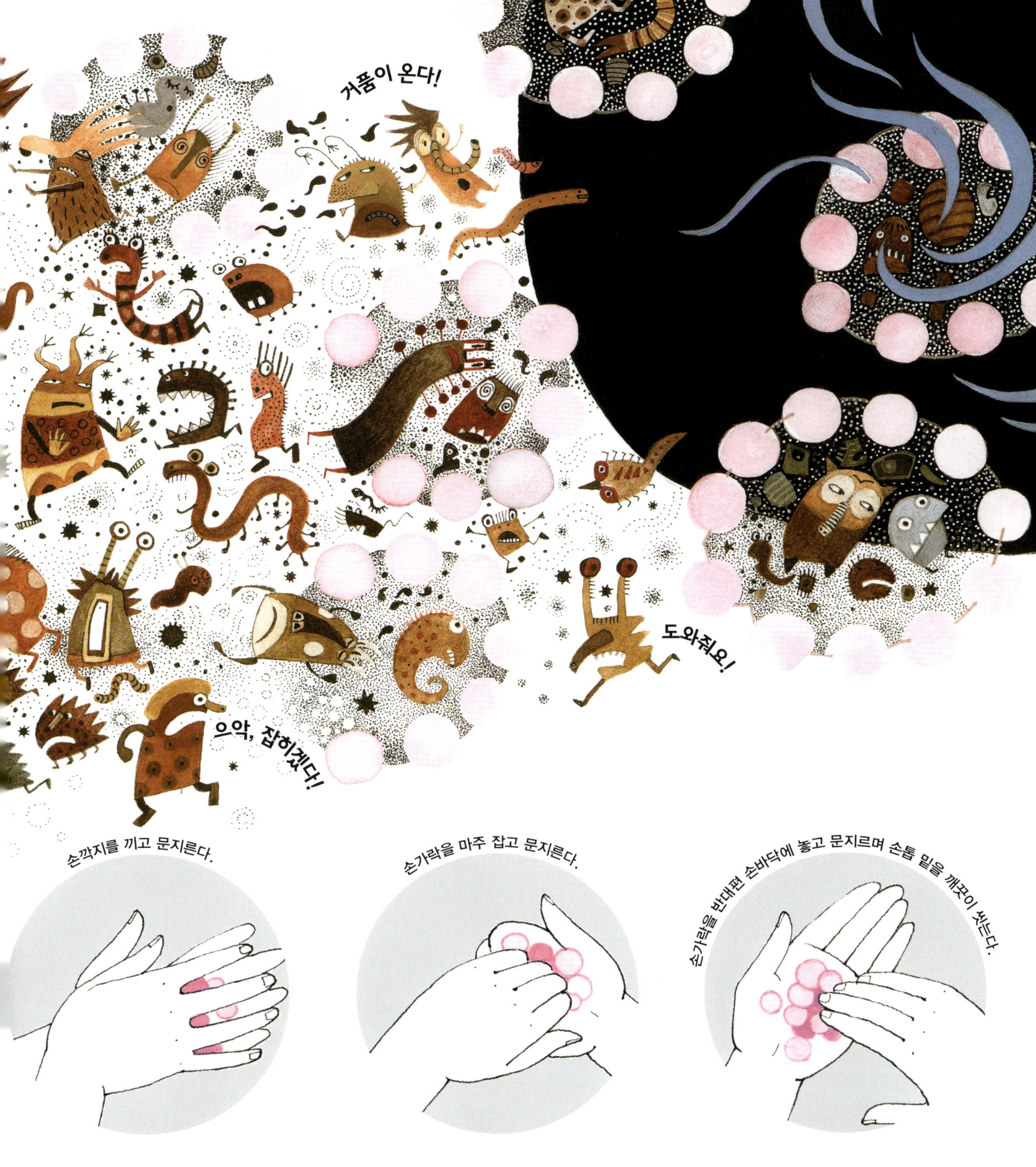

10월 15일 - 무슨 날일까요?

유엔이 정한 세계 손 씻기의 날이에요. 감염 때문에 죽어 가는 어린이들을 구하기 위해 만든 날이죠. 세계 여러 나라에서는 10월 15일 손 씻기의 날을 통해 손 씻기의 중요성과 올바른 방법을 널리 알린답니다.

연필·리모컨·스마트폰·휴지통을 만지고, 콧구멍을 파고 눈을 비비고 컴퓨터 자판을 치고, 손바닥으로 입을 막고 재채기를 하고……. 우리 손은 하루 종일 정말 많은 일을 하지요. 그만큼 손을 자주 씻어야 해요. 하지만 가끔은 밖에서 들어온 뒤 바로 다른 일을 시작하지요.

손에는 보이지 않는 세균이 붙어 있을 수 있어요! 밖에 나갔다 와서, 화장실에서 볼일 보고 나서, 음식을 먹기 전에, 병원에 다녀온 뒤에는 꼭 손을 깨끗이 씻어야 한다는 걸 잊지 마세요!

해마다 200만 명이 넘는 어린이가 불결한 위생과 먹는 물 때문에 생기는 설사병으로 목숨을 잃는답니다.(유니세프, 2008) 어린이 스스로 병을 예방할 수 있는 가장 좋은 방법은 바로 '손을 깨끗이 씻는 것'이에요.

칫솔과 함께 치약, 치실, 구강 청정제도 이를 깨끗하게 하는 데 쓰여요.
치약이 입에 남지 않도록 여러 번 헹군 뒤 칫솔을 잘 털어서 말리세요.

꼭 기억해요

- 음식을 먹은 뒤에, 잠자기 전에 반드시 양치질을 해요.

- 윗니는 위에서 아래로, 아랫니는 아래에서 위로 칫솔을 둥글게 굴리며 부드럽게 3분 정도 칫솔질을 해요.

- 잇몸과 이를 보호해 주는 치약을 사용해요.

- 치실을 사용해 이 사이사이에 낀 음식 찌꺼기를 완전히 없애는 게 좋아요.

- 정기적으로 치과 검진을 받아요.

- 단것과 청량음료를 많이 먹지 않아요.

**건강하고 깨끗한 이로 환하게 웃어 보아요.
입에서 상쾌한 냄새가 나요.**

치과 의사 선생님이 뭐라고 했나요

"음식을 먹은 뒤에는 언제나, 집에서도 학교에서도 유치원에서도 양치질을 하세요. 잠자기 전에 이를 닦은 뒤에는 음식을 먹으면 안 돼요. 당연히 주스도 안 되죠! 젖니를 잘 관리하면 이가 빠진 뒤에 다시 튼튼한 이가 돋아날 거예요!"

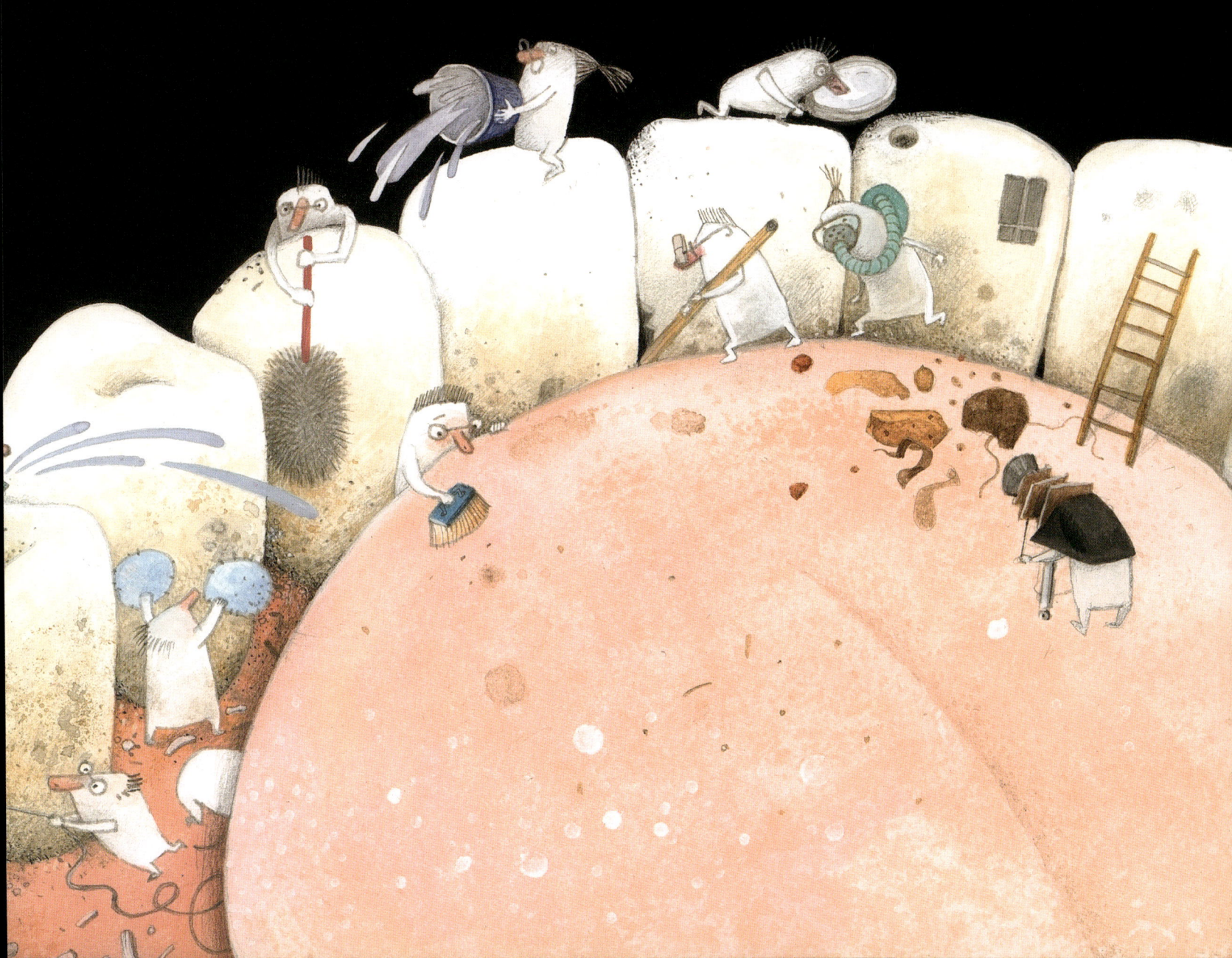

묶을까, 풀까? 어떻게 하면 머리숱이 더 많아 보일까? 여자들만 이런 고민을 하는 건 아니에요. 남자들도 마찬가지예요. 윤기가 흐르는 풍성하고 긴 머리카락은 예나 지금이나 아름다움의 상징이지요.

머리카락, 짧게? 길게?

머리가 짧으면 빨리 감을 수 있고, 빗질도 빨리할 수 있어요.
머리가 길면 시간이 더 오래 걸려요.
옛날 사람들은 지금보다 머리가 훨씬 더 길었는데
모두들 머리 관리를 잘하는 건 아니었어요.
만약 머리를 자르지 않고 계속 기르고, 오랫동안
감지도 빗지도 않는다면 어떻게 될까요?
아마 머리카락이 서로 엉키고
딱딱하게 굳을 수도 있겠죠.
어쩌면 끈적끈적한 물질이 달라붙어
머리카락을 잘라야 할지도 모르고요.
엉킨 머리도 창피했지만 머리를 짧게 자르는 건
더 창피했대요. 머리가 엉킨 사람들을 미용실에
자주 가게 하기 위해 벌금까지 매겼다고 해요.
그런데 머리를 감지 않으면
지독한 냄새가 난다는 사실을 아시나요?

18세기 유럽에서는 가발이 인기였어요.
가발은 말총으로 만들었어요.
가발을 쓰려고 머리를 위로 올리고는
한 달 넘게 감지도 다듬지도 않았대요.
힘들게 만든 가발을 오래오래 쓰려고요.
말총 가발은 냄새나는 덩어리였지요.
나쁜 냄새를 숨기기 위해 향수를 많이
뿌렸지만 효과는 별로 없었어요.
멋지게 차려입은 사람들 뒤로 달려드는
파리 떼를 쫓느라 하인들은 무척 고생했지요.
다행스럽게도 이때에는 얼굴에 까만 점을
찍는 것이 유행했어요. 그러니 파리가
얼굴에 붙어도 그냥 점처럼 보였겠죠!

목욕은

건강과 아름다움을 위해서.
옛날 그리스 사람들이 김나시온에서 했듯이요.

휴식을 위해서.
19세기 온천 휴양지의 귀족 여인들처럼요.

즐거움을 위해서.
공중목욕탕의 고대 로마 사람들이나 중세 기사들처럼요.

위생을 위해서.
19세기 유럽의 병사들은 간단하게 샤워를 했어요. 전쟁터에서 질병과 감염으로 죽는 병사가 많았거든요. 샤워는 시간과 물을 절약해 주었죠.

왜 할까요?

산타클로스의 나라 핀란드에 사는 사람들이나
얼음 할아버지가 산다는 시베리아에 사는 주민들은
뜨거운 사우나를 하다가 차가운 호수로 들어간답니다.
뜨거운 사우나 없이 곧바로 얼음처럼 찬 물에서 수영을 즐기는
용감한 사람들도 있죠. 이것을 북극곰 수영이라고 불러요.
차가운 물은 몸을 튼튼하게 단련시켜요.
몸이 단련되면 쉽게 감기에 걸리지 않지요.
이렇게 건강에 좋은 물로 몸속도 씻어 낼 수 있나요?
네! 깨끗한 물을 그냥 쭉 마시면 돼요.

치료를 위해서.
적당한 물의 온도와
물속의 미네랄,
목욕물에 넣은 약초 등이
치료에 도움을 주지요.

고대 그리스 사람들은

냉수 목욕을 최고로 쳤어요. 찬물이 몸을 단련시킨다고 믿었거든요. 따뜻한 물로 목욕을 한 뒤에도 마지막은 꼭 냉수로 마무리했지요. 목욕은 집과 공중목욕탕에서 했는데, 공중목욕탕은 체력을 단련하던 운동장 옆에 지었답니다. 김나시온이라고 부르던 이런 시설에서 그리스 사람들은 건강과 미모를 가꾸었어요.

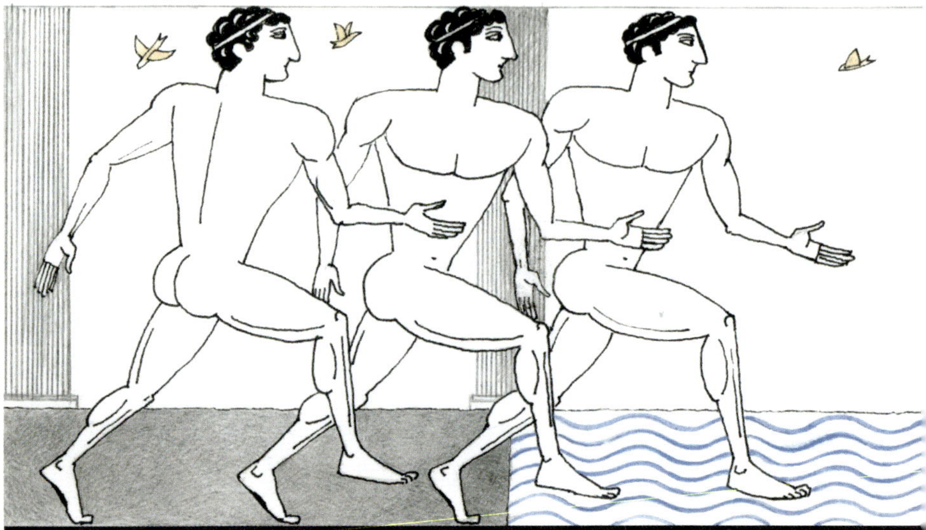

고대 로마 사람들은

목욕이라면 언제나 대환영이었어요. 화려하게 지어진 공중목욕탕에는 냉탕, 온탕, 증기탕과 여러 시설이 가득했어요. 사람들은 목욕을 하며 친구도 만나고, 즐거운 시간을 보낼 수 있었어요. 쉬러 온 사람들을 위한 휴게실, 도서관, 미술관도 있었지요. 로마 사람이라면 누구나 마치 궁전 같은 목욕탕에 들어갈 수 있었어요. 공중목욕탕의 인기는 중세까지 이어졌어요.

중세 유럽 사람들에게

목욕은 사치와 즐거움이었어요. 도시에도 집 안에는 거의 목욕탕이 없어서 돈을 내고 공중목욕탕을 이용해야 했어요. 왕과 귀족들은 집에서 목욕할 수 있는 특권을 누렸어요. 집에 목욕탕이 있었거든요! 목욕은 선물이기도 했어요. 도제 제도가 있었는데, 장인은 일주일에 한 번은 제자들에게 목욕을 하게 해 주고, 제자들과 함께 목욕탕에 가야 할 의무가 있었어요.

옛날에 다른 나라 사람들은 어떻게 목욕을 했을까요?

르네상스와 바로크 시대에는

공중목욕탕이 인기가 없었어요. 14~17세기 유럽에서는 목욕은 집 안의 가장 따뜻한 장소에서 해야 한다고 생각했지요. 욕조를 나르고 물을 떠다 데우는 일에 여러 사람이 동원되었어요. 그러니 욕조를 물로 가득 채운 뒤 나이 순대로 온 가족이 같은 욕조에서 목욕을 한 것도 별로 이상하지 않지요.

유럽의 계몽주의 시대에

위생은 건강과 미모를 얻는 지름길이었죠. 18세기 유럽 사람들은 씻을 수 있는 기회와 장소를 더 많이 만들려고 노력했어요. 특히 옷으로 가려지지 않는 부위인 얼굴과 손은 아주 깨끗해야 했어요. 손톱도 마찬가지고요. 몸에서 풍기는 체취에도 관심이 많았어요.

그 뒤에는

목욕을 도와주는 여러 장치와 수도 등이 발달했어요. 여유가 있는 집에서는 목욕탕을 마치 응접실처럼 만들기도 했어요. 거울과 커튼과 소파와 간이침대를 놓고, 이국적인 화분을 보면서 건강을 위해서만이 아니라 목욕 자체를 즐기기도 했지요. 몸을 빨리 씻고 싶은 사람들은 샤워를 했어요. 청결한 생활을 하기에 샤워는 아주 편리했지요.

목욕을 하며 책을 읽거나 음악을 듣거나 즐거운 일을 생각하면 기분이 좋아져요. 뭐니 뭐니 해도 장난감을 가지고 참방참방 노는 게 제일 재미있지요. 여러분은 어떤 목욕을……

좋아하나요?

같이 씻을래요?

어떻게 행동해야 할까요?

우리가 함께 목욕하는 공중목욕탕은 공공장소예요. 여럿이 같이 사용하는 공공장소에서는 규칙을 지켜야 즐겁고 편해요.

- 옷을 벗어 잘 정리해 두고 들어가요.
- 탕에 들어가기 전에 간단히 몸을 씻어요.
- 당연히 비누 거품이 남지 않도록 몸을 깨끗이 헹궈야죠.
- 바닥에서 뛰지 마세요. 쾅당 넘어질 수 있어요!
- 커다란 탕에 들어갈 때는 옆 사람에게 물을 튀기지 않도록 조심해요.
- 탕 안에서는 물놀이나 수영을 하지 마세요.
- 탕 안에서는 수건을 빨거나 비누를 사용하면 안 돼요.
- 목욕이 다 끝나면 바닥에 물이 떨어지지 않도록 몸을 수건으로 닦고 밖으로 나와요.

혼자 씻을래요?

우리 집에 목욕탕 대신 수영장이 있다면 얼마나 재미날까요?
책을 읽다가 더우면 물장구를 치며 신나게 놀 수 있을 텐데요.
하지만 수영장이 있는 집은 별로 없어요.
그 대신 학교나 스포츠 센터에 여러 사람이 같이 이용하는
커다란 수영장이 있지요.
체육관과 수영장, 목욕탕을 합쳐 놓은 것 같은 워터파크도 있고요.
워터파크에는 쭉쭉 미끄러지는 꼬불꼬불 아슬아슬 미끄럼틀도 있어요.
여러분은 어떤 물놀이를 가장 좋아하나요?

친구들과 함께 수영을 배워 보아요. 수영장에서 지켜야 할 규칙도 목욕탕 규칙과 같을까요?

기사는 어디를 저리 급히 갈까요

중세 유럽의 성안에 살던 기사는 볼일을 보려면 먼 길을 가야만 했어요. 화장실이 성 밖의 탑이나 성벽 쪽에 있어서 기사들의 방과는 아주 멀었으니까요. 게다가 적이 쳐들어올까 봐, 화장실 가는 길을 암호로 표시해 놓았어요. 급해서 발을 동동 구르면서도 암호를 해석하며 찾아가야 했지요. 그래서 화장실에 가려면 언제 가야 할지 미리 결심을 하고 적당한 때에 자리에서 일어서야 했어요. 화장실 가는 일이 마치 여행을 떠나는 것 같았죠.
화장실은 문도 없고 벽도 없어서 추웠지만 기사들은 화장실에서 오랫동안 서로 이야기를 나누기도 했대요.

지금의 공중화장실은 이용하기 편리하게 여러 장소에 설치되어 있어요. 기차나 비행기, 오래 달리는 버스 안에도 화장실이 있어요. 많은 사람이 모이는 행사가 열리면 이동식 화장실을 설치하기도 해요. 가끔은 화장실 옆에 공중 샤워실을 설치하기도 하고요.

성안에 사는 귀족 부인들은 멀리 나갈 필요가 없었어요. 요강이 있었으니까요!

11월 19일은 세계 화장실의 날이에요.

공중화장실의 위생과 사용하는 사람이 지켜야 할 공중도덕에 대해 생각해 보는 날이지요.

물로 흘려 보낸다고요 ❓ 13

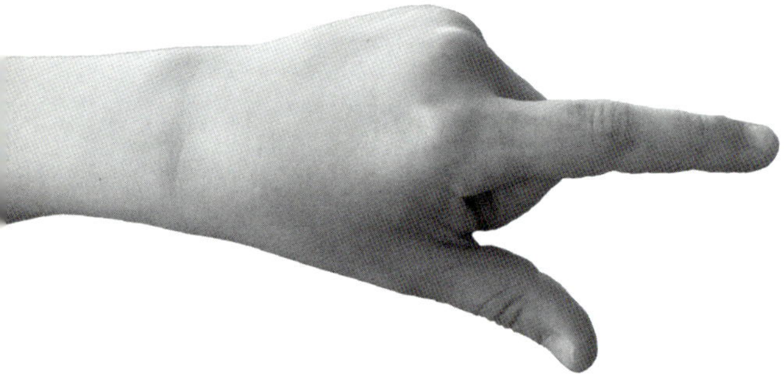

아기들은 기저귀나 작은 아기 변기를 쓰지요.
옛날에는 어른들이 요강을 썼어요. 특히 밤에 방에서 멀리 떨어진
화장실에 가기 싫을 때 주로 썼지요. 그때는 요강이 아주 귀했어요.
돈 많은 사람들이나 쓰는 사치품 중의 하나였죠.

중세 시대 성 주변에는 대부분 도랑을 넓게 파서 물을 채워 넣었어요. 물이 성채를 보호했지요. 요강의 배설물은 하인들이 밖으로 버렸어요.

그런데 요강에서 나는 냄새가 문제였어요. 게다가 요강이 다 차면 처리하는 것도 골칫거리였죠. 14세기 유럽에서는 요강에 든 배설물을 창밖으로 쏟아 버리기도 했어요. 그래서 느닷없이 머리 위로 떨어지는 오물을 조심하라는 경고문이 거리 곳곳에 붙기도 했답니다. 발명가들은 몇 세기 동안 이 문제를 해결하기 위해 고민했어요. 차츰 냄새가 나는 것들을 물로 흘려 보내는 방법이 가장 좋다는 것을 알게 되었어요. 물은 오물을 처리하면서 냄새도 막아 주었죠. 그렇게 수세식 변기가 발명되었어요.
처음에 수세식 변기는 물을 아주 많이 쓰는, 요강보다도 훨씬 더한 사치품이었죠.

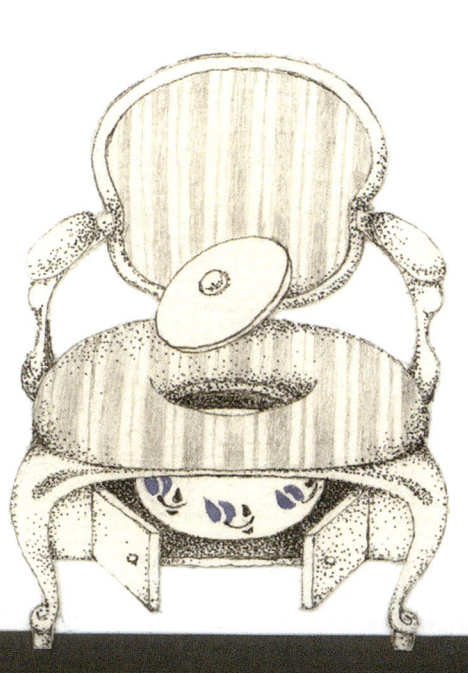

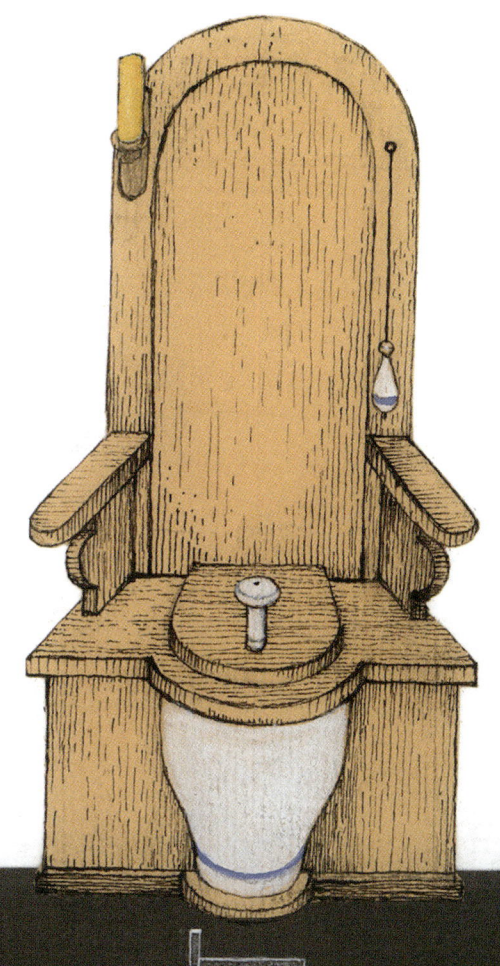

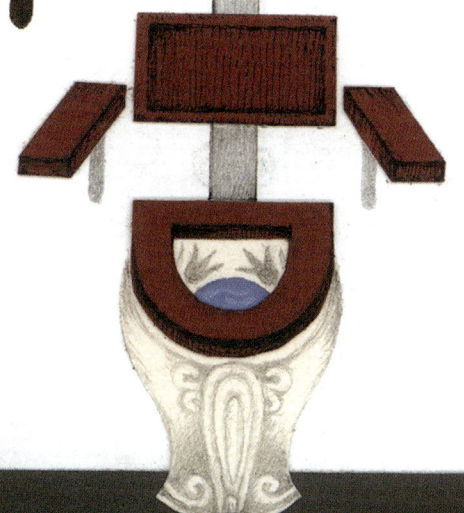

바로크 시대 17세기에는 아름다운 정원과 분수 등 물이 장식적인 역할을 많이 했어요. 더 작아진 요강이 가구의 일부가 되었어요. 이때도 배설물 처리는 하인들의 몫이었죠.

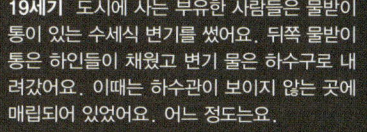

19세기 도시에 사는 부유한 사람들은 물받이 통이 있는 수세식 변기를 썼어요. 뒤쪽 물받이 통은 하인들이 채웠고 변기 물은 하수구로 내려갔어요. 이때는 하수관이 보이지 않는 곳에 매립되어 있었어요. 어느 정도는요.

20세기 많은 사람들이 수세식 변기를 사용하게 되었지요. 변기의 물은 기계 장치로 채워져요.
화장실을 WC(Water Closet)라고도 해요. 물이 있는 작은 방이라는 뜻이에요. 위생에서 물이 얼마나 중요한지 알 수 있어요.

? 14 어떻게 물을 절약할까요?

위생에서 물이 얼마나 중요한지 알았죠?
그런데 안타깝게도 사람들은 물을
너무 낭비하거나 오염시켜요.
지구에 물이 부족해지지 않도록
생태학자, 과학자, 건축가, 기술자
들이 모두 힘을 모아 궁리해요.
우리는 어떻게 물을 절약해야 할까요?
집과 학교와 유치원에서요.

매일매일 기억할 일……

환경

15 알고 있나요?

2 장애인 편의 시설

이 표시가 있는 장소에서는 장애인도 여러 장치를 통해 혼자서 이용할 수 있어요.

변기에서 가장 중요한 것은 물이에요. 물을 절약할 수 있는 아이디어는 많아요. 아래 버튼은 누르는 곳에 단추가 두 개 있어, 물이 많이 필요할 때와 적게 필요할 때를 가려서 쓸 수 있어요. 1980년 호주에서 발명되었지요. 지금은 전 세계에서 쓰인답니다. 그 덕분에 보통 가정에서도 60%나 물을 절약할 수 있게 되었어요.

옛날 부유한 로마 사람들은 금이나 은으로 요강을 만들어서 자손에게 대대로 보물로 물려주었어요. 영국에서는 지금도 결혼 선물로 요강을 주고받기도 해요.

3 편리하고 귀한 변기

우리나라에도 의자식 변기인 매화틀이 있었어요. 조선 시대 왕이 사용하던 휴대용 변기이지요. 매화틀 밑에는 서랍식 구리 그릇이 놓여 있었는데, 왕이 매화틀에 볼일을 보면 이 그릇을 내의원으로 보냈어요. 변의 농도와 색깔, 맛을 보면서 왕의 건강 상태를 체크하기 위해서랍니다.

매화틀

옛날 우리나라에서는 혼례를 마친 신부가 신랑 집에 갈 때 가마를 탔어요. 가마 안에 요강도 함께 넣어서 가져가곤 했지요. 먼 길을 가야 했으니까요. 요강은 이동식 변기이자 혼수품 1호였어요.

혼례 가마

4 위생 문화 이모저모

몸을 씻는 것은 가끔은 의식의 한 부분이 되기도 했어요.

고대 그리스에서는 다 같이 모여 밥을 먹기 전에 항상 목욕을 해야 했답니다.

고대 로마에서는 손님이 오면 발을 씻겨 주었어요. 반갑게 맞아 정성껏 대접한다는 의미에서요. 식사가 끝나면 다시 손님들이 손과 얼굴을 씻을 수 있는 물을 제공하곤 했어요. 이렇게 대접하면 잔치가 더욱더 근사하고 성대하게 여겨졌어요.

재미있는 위생 상식

아랍 여러 나라에서는 잔치 때에 장미수를 여기저기에 써서 향을 풍기게 했어요. 장미수는 향도 좋고 피부에도 좋아 예로부터 목욕할 때 많이 쓰였어요. 남자들은 장미수를 수염에 바르기도 했지요.

중세 유럽에서는 성에서 손님을 맞이할 때 미리 목욕물을 준비했어요. 목욕물에 피로를 풀어 주는 약초를 띄웠어요.

수세기 동안 교회에서 다른 사람의 손에 성수를 전달하는 것은 존경의 표시였어요.

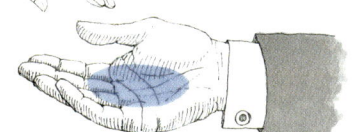

5 비누 대신 쓴 물건들

인류는 아주 오래전부터 비누를 썼어요. 그래서 고대 사람들도 비누를 알고 있었지만, 누구나 쓸 수는 없었어요. 그만큼 귀한 물건이었거든요. 비누를 대신해 화산석, 모래, 약초, 곡식, 물에 뜨는 돌 등을 썼어요.

화산석

모래

약초

곡식

물에 뜨는 돌

6 세계 손 씻기의 날

10월 15일

2008년에 유니세프(유엔 아동 기금)가 지정했어요. 위생이 얼마나 중요한지 일깨워 주고, 물이 없는 곳의 어려움을 전하며, 물의 소중함을 이야기해요. 손을 씻을 때는 비누로 깨끗이 씻어야 한다고 강조하지요.
'세계 손 씻기의 날'의 구호들은 다음과 같아요.

◆ 깨끗한 손이 생명을 구합니다.

◆ 감염의 고리를 끊으세요.

◆ 손에서 손으로
   병을 옮기지 맙시다.

◆ 손을 씻고, 친구들에게도
   손을 씻으라고 말합시다.

15 알고 있나요?

7 최초의 칫솔과 치약

칫솔에 대한 최초의 기록은 중국 역사책에 있어요. 끝이 뭉툭하고 얇은 잔가지를 칫솔로 이용했다고 해요. 일종의 이쑤시개인 셈이지요. 칫솔을 처음 발명한 것도 16세기 중국인이었어요.

튜브에 든 치약은 19세기 말부터 살 수 있었어요. 그 전에는 나뭇가지나 깃털, 가글 액으로 입 속을 관리했어요. 쉽지는 않았지요.

오늘날 칫솔은 화장실에서 가장 중요한 물건이에요. 각자 자기 칫솔이 있지요. 칫솔 덕분에 입 속을 깨끗이 하는 것이 어렵지 않아요.

8 옛사람들의 머리 관리

우리나라에서는 해마다 음력 5월 5일 단옷날이 되면 창포물에 머리를 감는 풍습이 있어요. 창포물로 머리를 감으면 머릿결이 고와질 뿐만 아니라 1년 내내 병치레를 하지 않는다고 믿었지요. 유네스코 인류 무형 문화유산으로 지정된 강릉 단오제에서는 해마다 창포물에 머리 감기 행사를 해요.

아름답고 긴 머리칼은 활기찬 힘의 상징이기도 해요. 지금은 샤워기를 이용해 머리를 빨리 감을 수 있지만 옛날에는 긴 머리를 몇 시간 동안 몇 사람이 함께 감기기도 했어요. 아직 샴푸가 없었을 때라 약초를 써서 머리를 감거나 밀가루 등 곡식을 이용해 머리를 감았지요. 냄새가 좋지는 않았지만요.

9 우리나라의 목욕

조선 시대 왕들은 병에 걸리거나 피로할 때 온천에 갔어요. 대표적인 곳이 온양 온천인데, 이곳에 별도의 궁까지 지어 놓았을 정도예요. 20만 제곱미터에 달하는 이 별궁에는 온천물이 솟는 곳과 냉방, 온돌방을 비롯해 왕이 집무를 보는 정전과 잠을 자는 침전까지 있었다고 해요. 〈온양별궁전도〉를 보면 왕이 집무와 목욕을 어떻게 했는지 알 수 있어요.

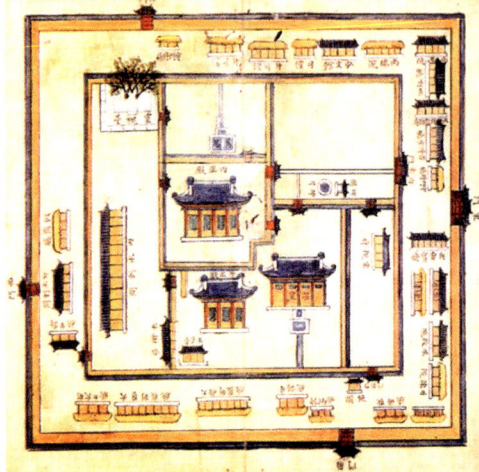

〈온양별궁전도〉, 규장각 소장

왕들만 목욕을 즐긴 건 아니에요. 서민들도 계곡과 개울에서 시원한 목욕을 즐겼어요. 여자들은 다른 사람들이 보지 못하는 장소에서 머리도 감고 발도 씻었지요. 하지만 어디든 몰래 지켜보는 악동들이 있게 마련이에요.

〈단오풍정〉, 신윤복, 간송미술관 소장

10 서양의 목욕

위생(hygiene)이라는 단어는 그리스 신화에 나오는 건강의 여신 히기에이아(hygeia)에서 유래했어요. 위생학은 인간의 정신적, 물리적 건강에 미치는 주위 환경을 연구하는 학문이에요. 이 학문 덕분에 우리는 자연의 선물을 이용하여 건강을 어떻게 유지할지, 어떻게 나아지게 할지 알 수 있어요. 그리스 사람들이 몸을 단련하고 아름답게 가꾸었던 김나시온은 정신을 고양시키는 장소이기도 했어요. 그곳에서 수학과 논리학을 배웠지요.

빈센트 프리스니츠(wikimedia Commons)

19세기에는 위생에 대한 관심이 높아졌어요. 물의 역할과 성분에 대해 새로이 평가가 이루어졌지요. 온천 치료법도 생겨났어요. 독일의 제바스티안 크나이프(1821~1897) 신부가 연구와 전파에 많은 공을 세웠어요. 그 덕분에 매일 몸을 씻거나, 산책하거나, 건강식을 먹는 것이 몸에 좋다고 사람들에게 널리 알려지게 되었어요.
오스트리아의 빈센트 프리스니츠(1799~1851)가 널리 퍼뜨린 샤워의 활용은 매일매일 위생을 철저히 하는 데 큰 도움이 되었어요.

로마 여행객들에게 공중목욕탕 유적은 근사한 구경거리예요. 로마 사람들은 이것을 테르메라고 불렀어요. 로마의 황제들은 사람들에게 인기를 얻기 위해 공중목욕탕을 짓곤 했어요. 3세기 로마에는 15개의 욕장, 850개나 되는 작은 공중목욕탕이 있었답니다. 수로를 만들어 산속의 맑은 물을 끌어와 목욕탕 물로 썼어요. 수로가 연결되는 길에 산이 있으면 터널을 뚫고, 계곡이 있으면 다리를 놓는 식으로요. 이 다리를 수도교라고 해요. 수로는 수도교 위층에 콘크리트로 연결하였고 높은 곳에서 낮은 곳으로 흐르도록 설계했어요. 2,000년의 시간이 지난 지금까지도 수로와 욕장의 멋진 자취를 감상할 수 있어요.

로마의 카라칼라 욕장, 사진 Massimo Baldi(GNU 자유 문서 사용 허가)

에스파냐에 있는 세고비아 수도교는 로마 시대의 수도교 형태가 가장 완벽하게 보존된 유적이에요.

15 알고 있나요?

12 화장실의 재발견

농경 사회였던 옛날 우리나라에서는 볼일을 본 뒤 배설물을 재로 덮어 논밭의 거름으로 썼어요. 그래서 화장실을 '잿간'이라고도 불렀어요. '근심을 푸는 곳'이라는 뜻의 해우소는 절에 있는 화장실 이름이에요. 전남 순천에 있는 선암사의 해우소는 우리나라에서 가장 오래된 해우소 중의 하나예요.

선암사 해우소

경기도에 있는 '해우재'는 화장실 모양으로 지어진 화장실 문화 전시관이에요. 해우재는 모양 말고도 독특한 점이 또 있어요. 빗물과 태양열을 이용해서 보통 집보다 70%나 물을 적게 쓰고 에너지를 절약한다는 점이에요. 모든 기능을 충실히 수행하면서도 환경 보호와 물을 절약하는 대표적인 예랍니다.

세계 화장실의 날 11월 19일

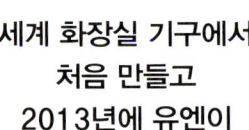

세계 화장실 기구에서 처음 만들고 2013년에 유엔이 공식 제정했어요.

13 수세식 변기

최초의 수세식 변기는 지금으로부터 400여 년 전인 1596년, 존 해링턴이 만들었어요. 물탱크와 배수 밸브가 있는 나무 의자였는데 해링턴은 영국의 엘리자베스 여왕에게 이 변기를 선물했지요.

〈엘리자베스 1세(부분)〉
조지 가워, 16세기 (wikimedia Commons)

이 변기는 맨 위에 수조가 있고, 그 아래에 나무로 가장자리를 두른 좌석과 밸브 장치가 있었어요. 밸브를 당기면 수조의 물이 변기를 거쳐 배수 판으로 빠져 나가는 구조였지요. 해링턴의 수세식 변기는 궁전의 한 곳에 설치되었는데 배수관을 빠져나온 오물을 처리하는 시설이 미비했기 때문에 고약한 냄새를 풍긴다는 문제가 있었어요.

〈존 해링턴 경〉
히에로니모 쿠스토디스, 16세기 (wikimedia Commons)

경기도 해우재 (사진 제공 해우재)

재미있는 위생 상식

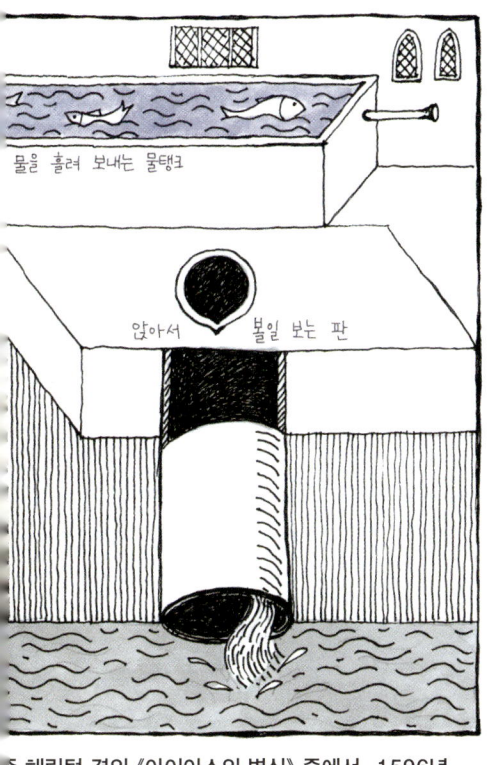

존 해링턴 경의 《아이아스의 변신》 중에서, 1596년

200년이 지난 뒤에야 고약한 냄새를 물로 차단하는 방법이 고안되었어요. 바로 수세식 변기로 세계 최초의 특허를 받은 알렉산더 커밍의 밸브식 변기였지요. 이 변기는 존 해링턴의 변기를 계승하면서 올라오는 악취를 고여 있는 물로 차단시키는 장치(취판)를 부착했어요.

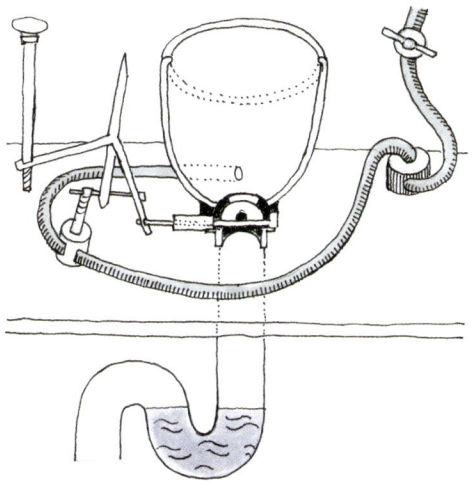

알렉산더 커밍의 고안에 따른 밸브식 변기, 1775년

수세식 변기에서 가장 중요한 것은 물이에요. 수세식 변기 손잡이를 밑으로 내리면 지렛대의 원리에 따라 마개 줄이 물통 바닥의 마개를 올려요. 이때 수압과 중력으로 물통의 물이 변기로 쏟아져 내리면서 배설물과 함께 빠져나가는 거예요. 변기에서 흘러 내려간 물은 정화조와 오수 처리장을 거치면서 정화되어요. 하지만 완벽하게 위생 처리하기는 힘든 일이에요. 생태학자와 기술자들이 열심히 대안을 연구하고 있어요.

14 물 절약

물이 인간 생활에 없어서는 안 될 정도로 여러 곳에 쓰이게 되자 중요한 문제가 생겼어요.

모두 다 쓸 수 있도록 아끼는 방법은 무엇일까?

먹을 수 있는 물은 점점 줄어들고 상하수도를 유지하는 데는 점점 더 많은 돈이 든다는 문제예요. 물을 아끼는 데는 여러 기술적인 발명이 도움이 되어요. 기술자들은 손을 씻은 물이 수세식 변기로 들어가는 물 절약 화장실, 빗물을 받아 정수해서 쓸 수 있는 집 등 새로운 시설을 고민하지요. 하지만 무엇보다도 중요한 것은 우리가 매일매일 실천하는 습관이에요. 물은 누구나 절약할 수 있어요. 물을 절약하는 것은 습관이 되어야 해요.

세계 물의 날
3월 22일

세계 환경의 날
6월 5일